Für Johanna und Ireneo, die Kinder des Friedens.
Für Émile und Oskar, ihre Ururgroßväter von 1914.
G. E.

Für unseren „poilu" Élie Bigot.
Für Marie und Manu (meine Berater in Illustrationsangelegenheiten).
F. D.

„Dies alles war doch so wunderbar und seltsam."
Kurt Zehmisch, Kriegstagebuch, 25. Dezember 1914

1. Auflage 2014 – © TintenTrinker Verlag GmbH, Köln

Das Buch erscheint zeitgleich in einer französischen Fassung unter dem Titel
„Le ballon de la paix", © 2014 Éditions Le buveur d'encre, Paris

Lektorat: Ines Dettmann, Köln
Korrektorat: Susanne Völler, Köln

Druck und Bindung: PBtisk, Tschechische Republik
ISBN: 978-3-9816323-4-7

„Papa, deine Schuhe!"
Papa steckt mit dem Kopf im Koffer und richtet sich nun auf.
„Wow! Die glänzen ja wie neu. Danke, Leo! Die hast du aber ordentlich geputzt."

Heute zieht Papa ins Feld. Wie sein Uropa Joseph 1914.
Genau dahin, wo Joseph damals als Soldat Weihnachten verbrachte.
Und ich begleite meinen Papa. Wir wollen nachspielen, was an jenem Abend passiert ist.

Am Treffpunkt ist schon alles aufgebaut.
Auf einem Feld sind Schützengräben ausgehoben. Die Männer tragen Uniformen: rote Hosen für die Franzosen, Kilts für die Schotten, Pickelhauben für die Deutschen. Einige Engländer werfen sich ein Schaffell über die Schulter.
In einer Scheune ist ein Lazarett eingerichtet. Frauen mit einem roten Kreuz auf der Haube räumen Medikamente ein.
„Kannst du uns helfen?", fragt mich eine von ihnen.
„Der Brieftaubenzüchter ist krank geworden. Wir brauchen einen Ersatz für ihn."
Ich soll die Tauben tragen? Warum nicht?
Sie schnallt mir einen Korb auf den Rücken, in dem drei weiße Tauben gurren.
In einer Ecke schläft eine Katze auf einer alten Trage.
Das ist Nestor! Mein frecher Kater ist mir einfach hinterhergelaufen.

Über das matschige Feld stapfen die Soldaten zu ihren Schützengräben. Nun stehen sie sich gegenüber, nur wenige Meter voneinander entfernt, durch Stacheldraht getrennt.

„1914 war es genauso", erklärt mir Papa. Er spielt heute einen Sanitäter, genauso wie es Joseph vor hundert Jahren war. „Seit Monaten lebten die Soldaten in den nassen, mit Ratten verseuchten Gräben. Vor ihnen schlugen die Granaten mit einem Höllenlärm ein. Kannst du dir das vorstellen? Ununterbrochen Explosionen, Tote und Verletzte. Und direkt gegenüber lauerte der Feind."

Was wir heute, wie in einem großen Freilichttheater, nachspielen, hat Joseph in seinen Tagebüchern aufgeschrieben, die wir auf dem Dachboden gefunden haben …

Es ist Weihnachten. Jeder sitzt einsam und traurig in seinem Schützengraben. Zu Hause ist so weit weg. Dort sitzen jetzt die Familien zusammen.
Doch plötzlich erklingt ein Lied in der Dunkelheit.
„Stille Nacht, heilige Nacht! Alles schläft, einsam wacht …"
Wie aus dem Inneren der Erde.

Erst schweigen die Männer im Graben gegenüber.
Dann beginnen auch sie zu singen.
„The first Nowell …"
„O Tannenbaum …", klingt es zurück. Und schließlich vermischen sich die Stimmen:
„Adeste fideles …"

Entlang der deutschen Frontlinie werden Kerzen an kleinen Tannenbäumen angezündet. Die Flammen flackern im Wind.
Wie eine festliche Lichterkette sieht es aus.
Am Grabenrand taucht nun eine Pickelhaube auf. Dann zwei. Dann drei, und plötzlich steht ein Mann auf.
„Nicht schießen! *Come over here!*", ruft er und schwenkt ein Bäumchen in der Hand.
Ein Engländer antwortet:
„Ja, kommt ein Stück näher. Dann komme ich euch entgegen!"

Sobald sich der deutsche Soldat nähert, klettert auch der Engländer aus dem Graben, mit einer Mütze voller Zigaretten.
„I wish you a Merry Christmas!"

Vorsichtig folgen immer mehr Männer, bis bald eine ganze Gruppe mitten im Niemandsland steht.
Der Deutsche schenkt sein Tannenbäumchen einem Schotten.
Sie schütteln sich die Hände, klopfen sich auf die Schultern.
Was für ein seltsames Schauspiel …

„Do you want some Christmas pudding?", fragt Bill, ein großer Kerl mit einem Schnurrbart wie ein Seehund.
„Ich habe Zimtsterne!"

Die Männer holen Zigaretten und Süßigkeiten aus ihren Taschen.
Sie zeigen sich Fotos.
„My wife! Meine Frau!"
„Mes enfants! Meine Kinder!"
Sie reden miteinander, ohne die Sprache des anderen zu verstehen. Aber das ist egal. Sie lachen miteinander und tauschen Helme und Kappen. Eine Mundharmonika macht die Runde. Ein Lied erklingt, dann noch eins und ein drittes …

Die Männer tauschen ihre Geschenke: Handschuhe gegen Schal, Corned Beef gegen Kekse, englischen Tabak gegen französischen Wein. Bill, der Engländer, geht zu einem deutschen Offizier.

„Ich sammle Erinnerungsstücke", sagt er. „Geben Sie mir zwei von Ihren Knöpfen? Dafür bekommen Sie zwei von meinen."
Er holt eine kleine Schere aus seiner Tasche und zusammen posieren sie für ein Foto.

Ein Engländer holt aus seinem Weihnachtspäckchen einen Fußball.
„*Come on!*"
Er dribbelt los und sofort beginnt ein wildes Spiel.
Ein Käppi und eine Pickelhaube auf dem Boden markieren das Tor. Mehr braucht es nicht.
Alle rufen durcheinander.
Und wenn die Kilts der Schotten im Wind wehen, lachen die Deutschen.
...

„Let´s go!"

„Par ici!"

„TOOR!"

Auf einmal sehe ich Nestor mitten auf dem Feld.
Ist er verrückt geworden? Die großen Stiefel werden ihn zertrampeln!
Ohne zu zögern renne ich los, um ihn einzufangen. Aber ich bleibe
im Matsch stecken.
Je mehr ich zappel, umso tiefer sinke ich ein. Ich rudere wie wild mit
den Armen, falle aber trotzdem hin.

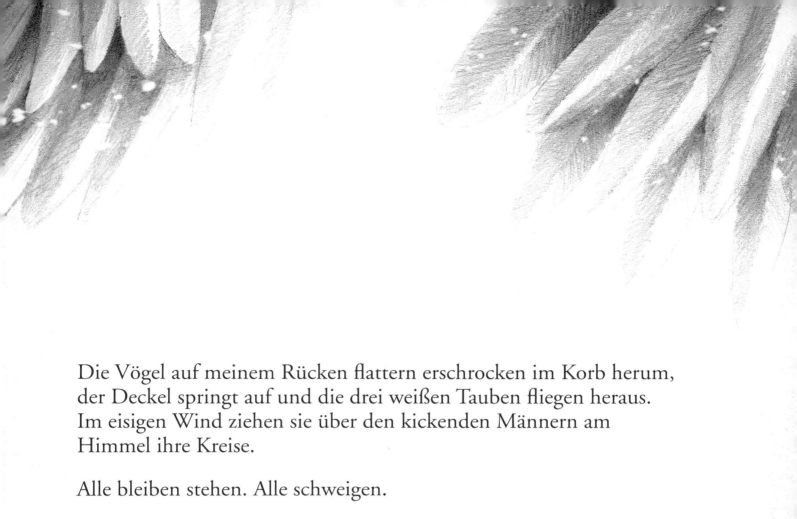

Die Vögel auf meinem Rücken flattern erschrocken im Korb herum, der Deckel springt auf und die drei weißen Tauben fliegen heraus. Im eisigen Wind ziehen sie über den kickenden Männern am Himmel ihre Kreise.

Alle bleiben stehen. Alle schweigen.

Gerührt blicken die Soldaten nach oben.

Der einfache Frieden des kleinen Mannes, vier Jahre vor dem richtigen Frieden.

Der wahre Weihnachtsfrieden, den sie nie vergessen haben.

Ich werde ihn auch nie vergessen.

Ende

Diese Geschichte beruht auf wahren Begebenheiten.
Weiterführende Informationen zum Weihnachtsfrieden, der sich 1914 im belgischen Ploegsteert, im französischen Frelinghien und in anderen Orten an der Front ereignete, finden Sie online auf www.tintentrinker.de. Das Dossier enthält auch Wissenswertes zu den Zeitzeugenberichten der Soldaten Johannes Niemann, Clifford Stockwell und Kurt Zehmisch sowie zu Bruce Bairnsfather, dem englischen Karikaturisten, der den berühmten „Old Bill" kreierte.

Mein herzlicher Dank gilt allen, die durch ihren Rat, ihre Unterstützung, ihre Fotos und Dokumente zu diesem Projekt beigetragen haben, insbesondere Barbara Bruce Littlejohn, Christian Carion, Bernard Cousin, Dominiek Dendooven, Christine Derudder, François Maekelberg, Miles Stockwell, Joachim Freiherr von Sinner, Mark Warby, Rudolf Zehmisch, der Société d'Histoire von Comines-Warneton und dem Museum In Flanders Fields in Ypern.
Ein herzlicher Dank geht auch an die UEFA sowie das Comité de l'Héritage und Plugstreet 14-18 Experience für Ihre Unterstützung.

Géraldine Elschner